LES
SOLDATS DU PAPE

JOURNAL DE DEUX ZOUAVES BRETONS

(MM. ALAIN ET HERVE SIOC'HAN DE KERSABIEC).

NANTES,

LIBRAIRIE CATHOLIQUE

LIBAROS, SUCCESSEUR DE POIRIER-LEGROS

Carrefour Casserie. 3.

1887.

L5h
534

LES SOLDATS DU PAPE

LES

SOLDATS DU PAPE

———

JOURNAL

DE

DEUX ZOUAVES BRETONS

✝ ✝
✝

NANTES

LIBRAIRIE LIBAROS, Sʳ. DE POIRIER-LEGROS,

CARREFOUR CASSERIE. 7.

—

1867.

LES

SOLDATS DU PAPE

JOURNAL DE DEUX ZOUAVES BRETONS

Il y a deux ans à peine, lorsque le Pape, faisant fonction de docteur suprême de l'Eglise, éleva sa voix pour prémunir les fidèles contre les erreurs de la société moderne, et signala, dans un *Syllabus* demeuré célèbre, les principales propositions qu'il réprouvait, il n'y eut pas assez de voix pour lui lancer l'invective et l'injure, pas assez de mensonges pour calomnier ses paroles et ses actes. L'ennemi, c'était lui, disait-on.

On serait en droit de demander aujourd'hui à ces sophistes qui se prennent ou veulent se faire prendre pour des sages, si vraiment le Pape est l'ennemi qu'il faut redouter. Ce serait leur faire trop d'honneur ; le monde, dans le passé, n'a jamais été sauvé par les rhéteurs ou par les *brochuriers ;* l'avenir ne leur réserve ni cette besogne, ni cette gloire. Dieu se peut passer de leur sagesse, et il le leur montre. Si les forts demeurent indécis ou contraires, Dieu appelle à lui les petits et les humbles ; il bénit leur bonne volonté, et de ces humilités et de ces faiblesses

1

il fait une force capable de lutter contre les tempêtes , de suspendre les bouleversements et de sauver ceux qui leur ont imprudemment permis de se former.

Un grand fait vient de se produire : homme à homme, sans s'être consultés, sans autre mandat que celui qu'ils tiennent de leur conscience alarmée, de leur famille, tout au plus de leur paroisse, les catholiques sont venus à Rome. Justement émus par les avertissements tombés du haut de la chaire apostolique, ils ont voulu voir par eux-mêmes le fond des théories modernes ; la gravité des circonstances nécessitait cette intervention directe. — Il en est venu ainsi de toutes les races, de toutes les langues, de tous les climats, de toutes les conditions : hommes du peuple et gentilshommes, soldats et officiers des armées régulières, volontaires français, belges, hollandais, italiens, espagnols, polonais, anglais, américains.... L'armée du Christ s'est ainsi formée d'elle-même et rangée sous la croix. Le glaive que le Saint-Empire romain avait laissé choir jadis, indigne qu'il était de le porter plus longtemps, a été ressaisi par ces représentants catholiques des peuples; Dieu leur a donné le succès ; la Révolution, cette fois, attaquée de front et sérieusement, a dû reculer ; elle se sent blessée et en train d'être vaincue.

Pour nous autres, Bretons, en rendant à chacun et à tous la justice et les louanges qu'ils méritent également, qu'il nous soit permis d'être particulièrement fiers du rôle que jouent nos compatriotes, nos amis, nos frères, en cette grande œuvre, et du haut renom qu'ils ont acquis et maintenu à la patrie toujours chère. Dieu nous garde d'un sentiment étroit exclusivisme patriotique ! Nous le comprendrions ici, moins encore qu'ailleurs ; mais enfin, c'est une grande joie et un grand honneur, qu'il y ait toujours et partout des nôtres, aux avant-postes, pour la défense des belles et nobles causes , et nous devons le constater.

Il nous serait doux de citer tous ces noms ; mais où s'arrêter et comment choisir? Le temps d'ailleurs n'est pas encore aux longs récits, il est à l'action : tout n'est pas fini. Louons donc les héros qui combattent et prions pour eux : prier et agir, c'est tout un.... Venons en aide aux blessés; célébrons nos morts glorieux : Guillemin, les deux Dufournel, de Vaux, Rialland, de Quélen, Loirant, Chevalier, Guérin, dont les noms unis à ceux des preux de Castelfidardo et des Croisades, resplendissent au ciel de la patrie, tout empourprés de l'auréole du dévouement et du martyre.

Toutefois, on sera heureux peut-être de trouver ici quelques échos de nos *gestes* en Italie; des souvenirs de Bagnorea, de Farnesi, de Viterbe, de Monte-Libretti, ce combat de géants : de Monte-Rotondo, de Mentana, enfin, où l'armée entière a mis en fuite Garibaldi...

Je craindrais de répéter ce que chacun sait; je préfère reproduire les impressions de deux zouaves bretons, de deux frères, — mes frères, je le dirai en toute simplicité, — qui, sans prétendre avoir fait autre chose que le devoir, ont peint, m'a-t-il semblé, d'une manière intéressante pour tous, et la vie, et les travaux, et les campagnes de l'armée pontificale, jour par jour, heure par heure, en octobre et novembre 1867. Cette vie qu'ils nous racontent, c'est la vie du zouave en campagne. Il n'est, je m'assure, ni un père, ni une mère en Bretagne, ayant eu l'honneur de fournir un soldat au Pape, ou de concourir à son entretien, qui ne lise avec intérêt ces détails communs à tous.

Rome, 20 septembre 1867. — Aujourd'hui, grève de messieurs les cochers de fiacre; pas une voiture sur place. Les gendarmes, accompagnés des inspecteurs de police, arrêtent par ci par là les réfractaires; les arrestations montent au chiffre de deux cents ! Que va-t-on faire de ce monde ? — La chose est simple; ce sont deux cents Romagnols ou étrangers ; on leur donne leur passeport et on les renvoie, par cette raison qu'ils n'ont pas le droit de trouver mauvaises les lois sous lesquelles ils sont venus volontairement se ranger.

21 septembre. — La mesure prise a été bonne ; tout est fini. Les voitures ont repris leur service ; les Romains ont ri ; ils sont contents.

23 septembre. — Jour anniversaire de ma naissance. Il est décidé que l'armement des troupes sera modifié. La commission, après essais, a adopté un fusil à aiguille, de première invention américaine, mais perfectionné par un officier anglais. On dit que l'inventeur n'a livré son modèle et son secret qu'à l'armée pontificale, afin qu'il ne serve à aucune puissance capable de faire la guerre à l'Angleterre ; c'est du patriotisme. On calcule que, dans quatre ou cinq mois, les deux bataillons de zouaves seront armés de la nouvelle carabine ; mais je crois bien que ce sera trop tard.

25 septembre. — Aujourd'hui, nous arrive une dépêche : Garibaldi a été arrêté à Asinalunga. C'est malheureux ; nous voilà condamnés à l'inaction pour tout l'hiver. Quant à lui, je crois que, s'il est captif c'est qu'il le veut bien. Ce serait le seul trait d'esprit qu'il eût montré depuis longtemps ; il sauve ainsi son prestige, qui tombait à plat s'il eût tenté quelque exploit sur le territoire pontifical ; il est hors de doute qu'il eût reçu là une verte râclée.

4 octobre. — Je pars par un train particulier, avec ma compagnie, forte de cent quarante hommes, pour Corneto et de là Viterbe, où il y a des mouvements garibaldiens. Je crois que la danse va commencer et qu'il y en aura pour tout le monde.

5 octobre. — Nous sommes arrivés cette nuit, à minuit, à Corneto. Les hommes se sont reposés trois heures, moi une, et nous sommes partis pour Toscanella. Là, halte de trois heures. De Toscanella, nous sommes allés à Viterbe, où nous arrivons vers dix heures du soir. Les distances sont, de Corneto à Toscanella, dix-huit milles; de Toscanella à Viterbe, seize; ce qui fait, en tout, trente-quatre milles, ou environ douze lieues.

6 octobre. — En arrivant à Viterbe, nous apprenons la prise de Bagnorea, où se trouvaient cinq cents garibaldiens. La colonne pontificale, commandée par le colonel Azzanezi, de la ligne, se composait de ligne, de zouaves[1], de deux pièces de canon et d'un peloton de dragons, en tout, environ trois cent vingt-cinq hommes. La ville a été enlevée, après un feu très-vif, qui a duré trois ou quatre heures. La Providence nous a protégés; nous n'avons eu qu'un homme tué et trois blessés, dont un officier, M. de Mirabal. Les garibaldiens ont perdu beaucoup de monde; on compte environ cent tués ou blessés parmi eux et cent dix prisonniers; joli coup de filet. C'était une bande ignoble, vêtue de haillons, au milieu desquels se trouvent quelques bonnets et chemises rouges d'un piteux effet. J'espère les voir, quoique je m'attende à partir d'un moment à l'autre.

7 octobre. — Ainsi que je le pensais, je suis parti hier, au moment où les prisonniers arrivaient à Viterbe. On l'avait bien dit, ce sont d'infectes canailles,

---

[1] Les zouaves étaient commandés par leur capitaine, M. Olivier Le Gouidec de Traissan (de Vitré).

couvertes de boue, vêtues de haillons; pas un qui ait bonne mine. Je pars pour Montefiascone, et de là Valentano, où je dois trouver un détachement en critique position. Mes hommes sont gais et contents; moi aussi. Ce qui me chatouille, c'est que mon capitaine étant absent, j'assume le commandement de la colonne, qui se composera de deux cents zouaves.

Ce soir, je suis à Valentano. Le sous-lieutenant m'a reçu avec grande joie, le pauvre garçon, cela se comprend : il n'avait que quarante hommes, et il avait déjà subi deux attaques furieuses des garibaldiens, qui ont échoué, laissant une vingtaine des leurs morts ou blessés : la première fois, en reconnaissance à Ischia ; la seconde, une heure après, à Valentano même. Les garibaldiens étaient furieux et ils ont juré de mettre la ville à sac et de la détruire ensuite. Ces malheureux zouaves étaient sur pied jour et nuit; il y avait quatre jours qu'ils n'avaient dormi. La population d'ailleurs est bonne, et, sauf quelques exceptions, elle reconnaît le dévouement admirable de nos hommes. Je m'attends à être attaqué demain; sinon, cela ne tardera pas. Valentano est une place importante. Eux, ils sont au nombre de cinq à six cents, tous vêtus de la classique chemise rouge, bien habillés, ceux-là, bien armés, et manœuvrant avec une précision qui dénote le vieux soldat. Ils occupent pour le moment Ischia et Farnesi, qu'ils ont bien fortifiés; sans canon, je prendrais Farnesi en sacrifiant beaucoup d'hommes. — J'espère que l'on m'enverra les deux obusiers que je demande; alors, je raserai Farnesi, qui est très-mauvais; c'est un nid de garibaldiens à détruire.

8 octobre. — Je reçois une dépêche qui m'annonce du renfort : cent quinze hommes, dont soixante-cinq gendarmes, le reste, de la ligne. La colonne est commandée par un officier d'état-major (M. de la Guiche). Je n'en suis pas fâché, en ce sens que la responsabilité, cette charge si lourde, ne tombe plus sur moi.

Je reçois l'ordre de partir pour Ischia, avec mes deux cents zouaves, afin de pousser une reconnaissance. Nous partons, sous le commandement supérieur du capitaine d'état-major. Le temps est épouvantable; vent et pluie nous aveuglent. A un mille d'Ischia, nous échangeons quelques coups de fusil insignifiants avec les tirailleurs des avant-postes garibaldiens; puis nous nous retirons sans être inquiétés, après avoir reconnu la place. Il n'y a pas de pertes de notre côté; du leur, je crois que deux hommes ont été atteints. M. l'aumônier Daniel était avec nous; il s'est bien montré. Je me suis confessé. Faites prier pour moi nos carmélites, et que personne ne s'inquiète, si je n'écris pas régulièrement; je n'en ai pas toujours le temps.

9 octobre. — Nous recevons du colonel Azzanezi un ordre qui ne nous semble pas suffisamment clair; il est à trente milles des garibaldiens, et nous n'en sommes qu'à cinq; les renseignements qu'il a ne valent pas les nôtres. Il est important que le prestige des zouaves subsiste sans nuage aux yeux des populations : un échec éprouvé par nous serait très malheureux. Nous demandons de nouvelles instructions.

10 octobre. — Le capitaine Zanetti arrive de Viterbe avec l'ordre d'examiner ce que nous avons fait et de nous porter en avant : mais il est trop tard....

les oiseaux sont envolés, au Voltone, je crois. Nous avons perdu une belle occasion d'éreinter l'ennemi; les zouaves sont furieux. Cependant, le capitaine Zanetti nous approuve en tout et pour tout; il déclare que sans artillerie la position n'était pas prenable.

11 octobre. — Nous apprenons que les garibaldiens ont quitté Farnesi pour aller au Voltone, grande ferme, à cinq cents mètres de la frontière toscane; cent zouaves et deux officiers sont allés à Farnesi et n'ont trouvé personne.

12 octobre. — Les garibaldiens ont quitté le Voltone; on ne sait s'ils sont en Toscane ou sur le territoire pontifical. Deux paysans venant d'Aquapendente assurent qu'il y en a deux cents à San-Lorenzo; nous irons voir, demain s'ils veulent nous y attendre.

13 octobre. — Aujourd'hui, nous sommes partis à quatre heures et demie, pour les Grottes et pour San-Lorenzo, mais inutilement. Les garibaldiens y étaient passés la veille, se dirigeant sur Aquapendente. Après déjeûner, nous partons pour Aquapendente, pensant y trouver l'ennemi, mais nous comptions sans notre hôte. A peine étions-nous sortis de San-Lorenzo, qu'il était averti de nos mouvements. Il décampe avec précipitation, laissant après lui des vivres dans les casernes et oubliant un capitaine, que nous faisons prisonnier. C'est un vieux soldat, qui a fait toutes les campagnes de Garibaldi. Nous le traitons bien, et il nous donne des renseignements; c'est un échange de procédés. Il nous dit qu'à Torre-Alfina, petite ville située sur le sommet d'une montagne couverte de forêts, se trouve leur quartier-général; qu'ils sont réunis là environ mille ou douze cents, sous le commandement du général Acerbi; qu'ils ne reçoivent plus comme volontaires que des soldats réguliers, qui désertent avec armes et bagages, qu'ils veulent envahir toutes les provinces pontificales et laisser Rome isolée; qu'ils arriveront à leur but, soutenus par le Piémont, dont ils ne sont que les enfants perdus, et que la France ne dira rien. Du reste, il dit fort clairement que leur but est de renverser le gouvernement du roi pour établir une république, dont Rome serait la capitale. Je crois qu'il est franc, autant qu'on peut l'être en son parti, ce qui n'est pas faire de lui un grand éloge.

Craignant d'être surpris la nuit par le nombre, dans une ville qui n'est pas défendable, nous partons d'Acquapendente à huit heures et demie, pour aller coucher, à minuit, à Onano. On nous prenait d'abord pour des garibaldiens mais, quand on nous sut pontificaux, les moines ont rivalisé de zèle pour nous être agréables.

14 octobre. — Nous sommes de retour à Valentano, où nous avons eu toutes les peines du monde à empêcher la population de lapider notre prisonnier, qui avoue décidément que le peuple n'est pas pour eux. — Je ne sais, mais je crois que les garibaldiens veulent marcher sur Montefiascone et de là sur Viterbe; mais ils auront fort à faire, car nous n'en sommes pas plus éloignés qu'eux, et nous ne demandons qu'à nous frotter un peu.

15 octobre. — Aujourd'hui les gendarmes sont partis pour San-Lorenzo, où se trouve, dit-on, une forte bande de garibaldiens. Partis seuls, ils sont tristes;

si les zouaves partageaient leur sort, ils seraient contents.

16 octobre. — Les gendarmes se sont battus cette nuit, mais battus comme il faut. Au nombre de quarante-cinq, ils ont été assaillis dans leur caserne par une troupe infiniment supérieure. L'attaque, commencée à deux heures après minuit, a continuée jusqu'à six heures du matin. A ce moment, les gendarmes, qui n'avaient plus de munitions, se sont mis tous à crier: Voici les zouaves! en avant les zouaves! Evviva!!... Les garibaldiens se sont enfuis, laissant sur le carreau une dizaine de morts et emmenant plusieurs charriots de blessés. Les gendarmes n'ont perdu qu'un homme et ont eu un blessé. C'est providentiel. La bande partie, les gendarmes sont sortis et sont revenus à Montefiascone, et ils ont bien fait, car les bandes, voyant qu'elles avaient été jouées, sont revenues un instant après plus nombreuses et plus furieuses. — Nous apprenons que les zouaves se sont battus à Monte-Libretti, mais nous n'avons encore aucun détail.

17 octobre. — Les détails nous arrivent sur Monte-Libretti. Quatre-vingt zouaves se sont présentés devant la ville, qui a un château-fort; les garibaldiens étaient douze cents hommes. Le combat, qui a été surtout à la baïonnette, a commencé vers cinq heures du soir et a continué jusqu'à la nuit close. M. Guillemin, qui commandait (le même qui avait été blessé à Castelfidardo), a été tué; de Quélen, sous-lieutenant, a reçu une balle dans la tête, je crois, et est mort deux jours après; de la Bégassière a été superbe; il a trois blessures; c'est lui qui a tué l'officier supérieur garibaldien ; le Pape vient de le nommer sous-lieutenant. En somme, c'est un magnifique fait d'armes, et des gens experts en cette matière déclarent qu'ils n'ont jamais rien vu de si fort. Il y a six morts et une quinzaine de blessés de notre côté ; les pertes des garibaldiens sont relativement énormes [1]. — Les zouaves se sont battus aussi à Subiaco, ou quarante hommes en ont chassé cent cinquante. Malheureusement le lieutenant Deselée a reçu trois coups de couteau de l'officier garibaldien, qu'il a tué immédiatement après avec son revolver. On espère que ses blessures ne sont pas trop graves et qu'il en reviendra avec beaucoup de soins [2].

[2] Guillemin, couché sur la poussière, meurt en disant à son clairon, blessé comme lui : « Crie avec moi : *Vive Pie IX!* tu pourras combattre encore ! » Le sous-lieutenant de Guillemin était un Breton, Urbain de Quélen, nom illustre. Trois Quélen prirent la croix sous saint Louis; celui-ci s'en souvint; il voulut montrer que la devise de ses armes : *E peb amzer, Quélen.* « En tout temps, Quélen, » était bien gardée après six cents ans; il l'a prouvé. Le sous-lieutenant s'est couché près de son chef; ils sont morts l'un et l'autre ensevelis dans la même gloire et les mêmes regrets. « Heureux ceux qui gardent bien leur nom ! s'écrie à ce propos un grand écrivain; heureux ceux qui, avares du temps, ne sont pas avares de la vie, et qui, répandant leur sang pour la justice, en arrosent la vraie gloire de leur maison ! » (Louis Veuillot, *Univers* du 8 novembre.)

[1] Repoussés de Monte-Libretti, les garibaldiens se retranchent à Nérola; ils y occupent une forte position, dans un château bien muni.

Quatre compagnies de la légion d'Antibes, placées sous le commandement du chef de bataillon Cirlot, les y attaquent. Les garibaldiens hissent le drapeau piémontais et crient : « Vive Garibaldi ! » L'officier qui était en face, répond : « Vive Pie IX ! » et le feu commence. Sous la grêle des balles; les Français de la légion s'agenouillent; Mgr Bastide, placé sur un tertre, au feu comme eux-mêmes, leur donne la bénédiction; ils se relèvent en criant : « Vive Pie IX ! Vive la France !.... » Rien ne résiste à cette union des deux plus grandes forces de ce monde : l'Eglise et la France. En un quart d'heure, toutes les positions sont occupées; la fusillade garibaldienne diminue. Le canon arrive escorté par les zouaves; il commence son office; M. de Quatrebarbes pointe si juste, qu'au bout d'une dizaine de coups, la place se rend. La lettre d'où nous extrayons ces détails nomme les capitaines des quatre compagnies, ce sont MM. Carlhian, Brazerolles de Vazeilles, de Chalus, et René de Kerdrel, celui-là, encore un Breton, fils

18 octobre. — Nous sommes sortis dans l'espérance de pincer quatre-vingts garibaldiens nouvellement débarqués, qui se dirigeaient vers Torre-Alfina; mais nous n'avons pas eu de chance: ils sont passés une heure après la levée de l'embuscade. On.nous dit qu'il en reste à Farnesi; nous verrons demain s'ils nous attendent.

Valentano, 20 octobre. — Hier, un détachement de ma compagnie a attaqué les Garibaldiens à Farnesi. Les zouaves, accompagnés de la ligne et des gendarmes, formaient un effectif de cinquante hommes; les garibaldiens étaient trois cents; on les croyait au nombre de cent seulement. Dans cette croyance on était convenu de débusquer l'ennemi, et .le le pousser sur Mezzano, où M. de Couëssin, avec une colonne égale à la première mise en marche, devait l'attendre en embuscade. M. le sous-lieutenant Dufournel commandait la première colonne sur Farnesi, moi, j'étais resté avec une partie des zouaves à Valentano afin de tenir la place pour laquelle on craignait fort; mais, il en arriva tout autrement. Entre Ischia et Farnesi, M. Dufournel ayant su qu'il avait affaire à une bande de trois cents hommes, m'envoya un dragon pour m'en prévenir et me de-

de notre ami, M. Vincent Audren de Kerdrel, ancien représentant d'Ille-et-Vilaine. Tous ont été admirables; M. le lieutenant Eschmann a été assez grièvement blessé; M. de Charette, lieutenant-colonel des zouaves, a eu son cheval tué sous lui. — Cette lettre ajoute : « La colonne avait quatre aumôniers, Mgr Bastide, le R. P. Ligier, dominicain pour la légion; Mgr Daniel et le R. P. Wild, de la Compagnie de Jésus. pour les zouaves. Ces aumôniers marchaient à cheval dans la colonne, et chacun d'eux à tour de rôle portait la très-sainte Eucharistie, en sorte que ces braves soldats pouvaient véritablement dire: Dieu est avec nous. Et grâce à Dieu, ils le disaient et ils le sentaient; et ils l'ont fait voir. » (*Univers* du 3 novembre.)

mander du renfort, puis il attaqua immédiatement, et s'empara du poste avancé des garibaldiens où il s'établit. Les garibaldiens continuèrent un feu très-vif auquel il fut supérieurement répondu. L'ennemi voyant les zouaves en si petit nombre prit courage et cerna la maison; une charge à la baïonnette était le seul moyen à employer pour le faire reculer; elle fut commandée. Par malheur une barricade provisoire ne céda pas tout entière, les zouaves furent obligés de passer un à un pour charger; un caporal qui sortit le premier reçut une décharge à bout portant et tomba; Dufournel qui le suivait, sabra un garibaldien et tomba à son tour percé de quatorze coups de baïonnettes. Voyant les autres zouaves sortir toujours, les garibaldiens eurent peur et s'enfuirent sous le feu en jonchant la route de morts et de blessés. —Cependant j'avais réuni une quarantaine de zouaves, et je m'élançai vers Farnesi pour dégager le détachement de Dufournel. A notre arrivée les garibaldiens s'enfuirent comme une volée d'oiseaux et si promptement que ma colonne ne put même pas tirer un coup de fusil. M. de Couëssin arrivait de son côté en même temps que moi et avec le même résultat. Si nous n'avons pu faire le coup de feu, nous avons délivré nos braves camarades et c'est fort joli. Comme perte nous avons Dufournel, et un caporal qui est blessé d'un coup de feu au bras, et de deux coups de baïonnette dans la poitrine. La perte des garibaldiens est de cinq morts et dix-huit blessés, tous grièvement. Ferdinand de Charette s'est admirablement battu. Nous sommes partis de Farnesi à cinq heures, mais il nous fallut bien quatre heures pour faire la route que le matin nous avions faite en une heure et demie, car nous portions à bras et doucement nos deux blessés. Ajoutez qu'il faisait une nuit noire comme la gueule d'un four, et une pluie torrentielle qui n'a pas cessé un instant. Aussi sommes-nous revenus dans un état affreux, et sans les malheurs de la journée aurions-nous bien ri le soir, en nous voyant tous, accommodés et affublés des plus grotesques déguisements; n'ayant ici chacun qu'un uniforme, et cet uniforme étant trempé, nous dûmes dévaliser complétement nos propriétaires, qui d'un manteau, qui d'un pantalon, celui-ci d'une veste, celui-là d'un gilet, etc....

Dans cette affaire de Farnèsi, il ne faut pas oublier, comme détail, la conduite et la lâcheté des garibaldiens qui de rage, en se voyant battus, ont tué deux pauvres moines du couvent qu'ils occupaient.

21 octobre. — Hier, vers six heures du matin, est mort Dufournel; il est vraiment mort comme un saint. Son frère, aimé et estimé de tout le régiment, est arrivé dans la journée, mais trop tard. Le coup a été rude; il l'a supporté en homme de cœur. L'amitié respectueuse que le lieutenant professait pour son frère le capitaine était touchante et admirable : « J'espère que mon frère sera content de moi et approuvera ma conduite; » telle a été une de ses dernières paroles. Le clergé de Valentano s'est très-bien conduit en cette circonstance [1].

22 octobre. — La compagnie de la ligne est partie,

---

[1] Emmanuel Dufournel, sous-lieutenant aux zouaves pontificaux, né en Franche-Comté, s'est porté à l'ennemi en disant : « Mes amis, allons mourir pour Dieu : Au nom du Père et du Fils et du Saint-Esprit! »

ainsi que le détachement de la troisième compagnie qui retourne à Bagnorea; celui-ci escorte en même temps le corps de M. Dufournel que l'on envoie à Rome où il doit être enterré, moins le cœur qui, rapporté en France, sera remis à sa famille. Nous voilà réduits à deux cents hommes de garnison : zouaves et gendarmes.

23 octobre. — J'ai dit qu'à Farnesi les garibaldiens furieux de leur échec avaient tué, à bout portant, deux pauvres moines; aujourd'hui, ils rejettent la faute sur nous en disant que c'est nous qui les avons tués par inadvertance. Malheureusement pour eux, les autres moines ont été témoins du fait et ont vu, de leurs yeux vu, les choses telles que je les dis. On nous annonce pour une de ces nuits un assaut sur Valentano; je n'en crois rien; ce serait par trop bête de la part des garibaldiens.

24 octobre. — Les garibaldiens occupent toujours San-Lorenzo et les Grottes. Ce matin, ils sont venus aux Grottes prendre tous les chevaux et tous les ânes du pays. En outre, ils ont jeté bas les armes du Pape, et les ont remplacées par une belle bannière tricolore; le tout s'est fait au milieu de leurs hurlements et du silence morne de la population. Ils ont ensuite enlevé les caisses et frappé la ville d'un impôt de huit cents écus. Cependant, comme ils étaient pressés, ils se sont contentés d'une somme de 300 écus (1,500 francs); mais ils n'ont pas laissé un seul cheval dans la contrée. Il y a un mouvement là-dessous; ce sera sur Viterbe ou sur Montefiascone.

26 octobre. — Je l'avais prévu; le mouvement a eu lieu sur Viterbe. Nous venons de Valentano, d'où l'on nous a rappelés immédiatement pour marcher au secours de la capitale de la province. Nous sommes arrivés à Montefiascone trop tard; déjà les garibaldiens étaient repoussés et en pleine déroute sur la vallée du Tibre. Ils se sont présentés à sept heures et demie devant Viterbe et tout était fini à neuf heures du soir.

Cependant ils avaient réussi à brûler une porte au moyen d'acide sulfurique, dont ils avaient imprégné des bottes de foin qu'ils ont jetées, enflammées, sur la porte. Cela ne leur a guère servi, car derrière, ils ont trouvé une barricade provisoire, et derrière cette barricade, une vingtaine d'hommes, tant des zouaves que de la ligne, qui ont fait bravement leur devoir. Le chef garibaldien a été tué raide. Ils avaient employé un moyen infâme pour empêcher nos soldats de tirer : en première ligne, ils avaient mis cinq moines, et ils s'avançaient derrière en les poussant à coups de crosse, espérant entrer dans la ville à leur suite. Malgré cela, la fusillade a commencé, et, par un bonheur providentiel, aucun de ces pauvres moines n'a été tué, un seul a reçu au pied une blessure légère. Les pertes sont insignifiantes de notre côté, les leurs sont peu considérables, ce qui nous fait croire que ce mouvement n'était qu'une diversion, ayant pour but d'empêcher la garnison de Viterbe d'entraver leur marche sur Monte-Rotondo, où se trouve, dit-on, Garibaldi. En tout cas, leur échec a une grande portée morale sur la population, qui les déteste de plus en plus. Nous attendons à Montefiascone de nouveaux ordres; je crois que nous n'occuperons plus Valentano.

27 octobre. — Nous arrivons de Montefiascone à
Toscanella. Nous avons reçu l'ordre de nous replier
tous sur Rome, qui, paraît-il, est sérieusement me-
nacée, non pas tant par un mouvement intérieur que
par la marche de Garibaldi. Nous ne savions rien, et
voilà que les nouvelles abondent. On nous apprend que
le capitaine Meïer, des carabiniers suisses, a battu les
garibaldiens à Ponte-Mole, où il à eu affaire aux chefs,
qui venaient prendre le commandement de l'insurrec-
tion à Rome ; les frères Cairoli y ont été tués. — Que
la compagnie du capitaine Jolys a enfoncé et pris une
maison contenant garibaldiens, armes et argent. —
Que le capitaine du Reau a fait la même trouvaille à
Saint-Paul. — Que les gendarmes ont repoussé une
bande, qui voulait s'emparer du Capitole. — Que les
carabiniers suisses en ont désarmé une autre à Bocca-
della-Verita. — Que la caserne des zouaves à Serristori a été minée, et a sautée en l'air en ensevelissant sous
ses décombres quelques soldats. — Que deux compagnies de la légion, une de carabiniers suisses, et une
section d'artillerie ont été prises à Monte-Rotondo,
après une superbe défense de vingt-sept heures.[1] —
Que le capitaine du Rostu, de la légion, a fait une
magnifique reconnaissance contre sept ou huit cents
hommes. Les événements marchent. On dit que la
flotte française est en vue. Nous sommes arrivés par

[1] On avait épuisé toutes les munitions ; ils étaient cinq mille garibaldiens.
MM. Carthian, capitaine de la deuxième compagnie, Crozes, lieutenant, et Rin-
gard, sous-lieutenant. MM. Costes, capitaine de la cinquième, et Laire, sous-
lieutenant, furent faits prisonniers. M. Eschmann, lieutenant, avait été, on se
le rappelle, blessé à Nerola. M. Federn, commandant des carabiniers, et M. de
Quatrebarbes, de l'artillerie, partagèrent le même sort. Ce dernier avait le bras
cassé et deux doigts emportés ; l'ennemi n'eut de lui qu'une pièce enclouée.

une nuit noire et chemins de traverse; nos hommes sont harassés.

28 octobre. — Nous partons pour Corneto et de là Civita-Vecchia. On dit que les frégates françaises ne peuvent entrer dans le port à cause du mauvais temps. Les officiers de la légion nous reçoivent à merveille.

29 octobre. — Nous séjournerons à Civita-Vecchia, attendant la colonne de Viterbe et le débarquement des troupes françaises. En attendant, a lieu celui de nos volontaires, il y a soixante Belges et trente-cinq Français; de Kermel en est; on me dit qu'Hervé est à Rome, cela ne m'étonne pas. La colonne de Viterbe arrive, je retrouve là d'anciens amis : Wyert, Lallemand, de Mirabal, Riva ; ils vont tous bien — La frégate *le Mogador* entre dans le port et débarque quelque peu de son monde. Nous recevons l'ordre de partir ce soir pour Rome. Contre-ordre : il est trop tard pour confier toute la colonne à un train de nuit.

30 octobre.—Nous arrivons à Rome, que nous trouvons en pleine défense : tout le monde marche armé. Cela paraît étrange ici, la ville tranquille par excellence. Un officier d'état-major arrive et dispose de deux compagnies de zouaves pour aller en renfort aux ponts Mammolo et Nomentano, où, dit-on, deux compagnies de la légion sont engagées; pour nous, nous allons bivaquer place Saint-Pierre. — Le soir, une échauffourée à Villa-Cecchina; on enfonce deux maisons, on trouve des bombes, on tue les individus; deux zouaves sont blessés légèrement; seul, le capitaine Dufournel l'est horriblement. Le reste de la nuit est tranquille. Les Hollandais sont très-animés et ne veulent point faire de quartier ; quand un garibaldien crie : prisonnier ! ils répondent : Serristori !... C'est le nom de la caserne qu'on a fait sauter. Hervé est dans ma compagnie.

C'est qu'en effet, aux nouvelles qui se répandent, les cœurs catholiques se sont émus par toute l'Europe ; la France ouvre des souscriptions, et de nombreux volontaires prennent le chemin de la Ville-Éternelle ; Hervé de Kersabiec, le frère du lieutenant, est de ce nombre ; il part, « décidé à se bien battre et à bien mourir. » Il arrive à Civita-Vecchia le 26 octobre au matin, et il écrit :

Civita-Vecchia, 26 octobre, au matin. — J'arrive à l'instant ; en attendant le déjeuner, j'écris au café militaire. — Faisons un retour en arrière. Je suis arrivé à Marseille à quatre heures et demie du matin, mercredi. Croyant partir quelques heures plus tard, je m'élance à Notre-Dame-de-la-Garde ; j'y ai communié ; à sept heures j'étais au bureau des bateaux Valery : le paquebot ne part que jeudi ; me voilà pour tout un jour à Marseille. Marseille est un grand bazar, au mouvement indescriptible, au commerce énorme ; je ne connais rien qui en puisse donner idée. Du reste, pas un monument, rien à voir que les cafés, les plus beaux du monde. — Jeudi matin, je suis parti pour Civita-Vecchia. Monseigneur du Cosquer était à bord ; il est charmant. J'ai fait connaissance avec le baron d'Erp, Belge [1], avec M. de Jallerange, un Franc-Comtois, avec un Nantais, M. Carré, un Polo-

---

[1] Walleran, baron d'Erp, fils d'un lieutenant général belge, sortait de l'université de Louvain avec le titre de docteur : il a été tué à Mentana.

nais, un Irlandais, M. O'Byrne, un officier napolitain,
qui vient aux zouaves, avec bien d'autres encore.
Nous étions sur le paquebot une trentaine de zouaves
et autant de légionnaires. Avant lever, nous avons
chanté un *Magnificat* superbe, Msr du Cosquer nous
a dit le chapelet, puis nous avons bu le vin chaud en
trinquant avec la légion très-cordialement. — Nous
venons de rencontrer le colonel d'Argis occupé à faire
fortifier la ville, dont il est nommé commandant en
chef; il a sous ses ordres cinq compagnies de la légion, quelques carabiniers suisses, etc., que j'ai
aperçus dans les postes. Les dernières nouvelles sont
assez graves, et prouvent que Garibaldi et les siens
sont plus décidés que jamais à entrer dans Rome,
par tous les moyens.

Rome est en état de siége, aussi un détachement
viendra-t-il nous prendre ce soir pour nous mener à
nos quartiers respectifs.

Samedi, 26 octobre (soir). — Nous sommes partis
de Civita-Vecchia pour Rome, après avoir pris un bon
bain de mer. Un zouave était avec nous; pendant tout
le trajet, nous avons parlé de l'état de siége, etc., etc.
La veille, il y avait eu un combat sanglant dans une
rue du Transtevère; au moment où une patrouille
passait, quelques bombes Orsini et des coups de feu
éclatèrent. Immédiatement, un renfort arrive, on
enfonce les portes et quinze garibaldiens sont tués à
coups de baïonnettes et de crosses de fusils. Une
femme trouvée deux pistolets à la main y a passé
comme les autres. Enfin, à huit heures du soir, nous
étions à Rome. Une escorte nous attendait et nous a
conduits sans encombre, les uns à la caserne du
dépôt, les autres et moi, à l'hôtel de la Minerve.

Dimanche, 27. — A sept heures, messe de l'abbé Peigné à l'église de la Minerve, puis chez le capitaine Ragni. A midi, rendez-vous à la caserne Serristori pour l'habillement. Quelle infection dans la cour ! Les pauvres zouaves qui sont encore sous les décombres ne seront retirés que dans deux ou trois jours. Tout le côté droit de cette caserne a sauté en l'air ; nous n'avons plus de musique. Après un moment d'attente, on nous fit entrer dans la salle d'habillement. Là, chacun reçoit veste, culotte, sac et carabine à vue de nez ; puis : en bas dans la cour, habillez-vous ! Cela fait, une voiture d'artillerie arrive, et, à chacun dix paquets de cartouches, chargez, et, en avant marche ! pour la caserne du dépôt. A huit heures du soir, faction de quatre heures. A minuit, une heure de sommeil sur les marches de la caserne ; puis, sous les armes, sur la place jusqu'à six heures du matin. Notre caserne est Saint Calixte, au pied de San-Pietro-in-Montorio.

Lundi, 28. — Gardes et corvées toute la journée ; le soir, piquet sur la place de la caserne. Je pensais en avoir pour toute la nuit. Heureusement, à dix heures, le capitaine Jolys et M. de Lambilly nous emmènent faire une patrouille du côté du Vatican. Je pars en silence derrière La Peyrade ; nous rentrons à minuit. A minuit, on nous envoie de renfort à la porte Saint-Pancrace, où commandent un lieutenant et le sergent Bonvailet. Enfin, sur une marche de la porte, je m'endors, la première fois depuis samedi.

Mardi, 29. — Même existence.

Mercredi matin, 30. — Je campe sur la place.

Saint-Pierre. Ce doit être un spectacle bien inaccoutumé que celui que présente cette place en ce moment ! Six canons au milieu, trois compagnies de zouaves campées sous les colonnades ; c'est on ne peut plus pittoresque. J'ai vu là M. de Kermoal et d'autres officiers. J'attendais là aussi Alain qui devait revenir de Viterbe, lorsque M. de Jallerange, de Franche-Comté, avec qui je causais, trouve son compatriote, M. Dufournel, capitaine adjudant-major, et me présente à lui. C'est un des hommes les plus charmants que j'aie vus et de toute façon. Il m'invite à déjeûner ; au même instant arrive Alain. Nous voilà partis ensemble, le sac au dos, et enfin, je suis installé à la caserne de San-Salvatore. A peine étions-nous entrés à la cantine, que la tromba sonne, et, le ventre vide, nous voilà repartis au pas accéléré pour la place Saint-Pierre, sous la conduite d'Alain. Une bien triste nouvelle nous y attendait : le capitaine Dufournel et un zouave venaient de recevoir chacun une balle, l'un dans le front, tué sur le coup, et M. Dufournel dans les reins. La balle est entrée dans le dos, a traversé le poumon et est ressortie en haut. Il est à peu près mort à l'heure qu'il est. C'est une grande perte. Les zouaves l'ont immédiatement vengé par une décharge qui a couché cinq *bourgeois* par terre. Il n'y a rien eu de plus, cette nuit, et j'ai dormi côte à côte avec Alain, sur la paille. J'avais, de l'autre côté, M. Métois [1], M. du Reau, M. de Nolhac, etc. Notre chambrée est très-belle. C'est une chapelle ; au plafond, trois panneaux : *Ève sortant de la côte*

[1] M. Métois est de Nantes. M. du Reau est d'Angers, neveu de M. de Quatrebarbes, l'ancien gouverneur d'Ancône. Il y a trois frères du Reau aux zouaves.

d'Adam, la Tentation d'Adam par Ève, et au milieu, *la Tentation au désert.* Vis-à-vis de moi, est le tombeau d'Eugène III, en marbre blanc, fort beau ; il y en a deux autres à côté. Au-dessus de l'autel, sur lequel je vous écris, une Cène à fresque. Ce matin, je viens d'entendre la messe dans la nouvelle chapelle à côté. Nous étions beaucoup.

Les Français sont arrivés hier au soir ; les garibaldiens sont à une petite demi-lieue d'ici ; il ne serait pas étonnant qu'aujourd'hui ou demain nous fussions les voir. Adieu, je suis très-content.

Les deux frères se sont retrouvés ; ils nous donnent tour à tour leurs impressions. Alain, le lieutenant, continue ainsi son journal :

31 octobre. — Aujourd'hui, la compagnie monte la garde royale ; le reste est de piquet sur la place Saint-Pierre. Les troupes françaises sont à Rome ; elles prennent la garde demain.

1er novembre. — Rien de nouveau. Les Français ont pris les gardes.

2 novembre. — On dit que nous partirons dans la nuit pour Monte-Rotondo, où se trouve Garibaldi avec 10,000 hommes. Tout le monde est content ; on va se battre pour le Pape ; les recrues vont voir le feu pour la première fois ; il y a de l'émotion.

Au nouveau venu de faire connaître ses impressions :

Monte-Rotondo, 5 novembre. — Nous avons quitté Rome dimanche matin. Samedi au soir, à la suite d'une espèce de pari avec Alain, M. de la Rochetaillée nous avait donné un dîner de trente couverts. Officiers, sous-officiers et soldats étions mêlés chez Spielmann; une gaîté charmante; j'ai peu connu d'hommes aussi bien que la plupart des officiers des zouaves.

Rentrés à nos casernes à neuf heures, nous nous sommes dépêchés à faire nos sacs. A deux heures du matin, le clairon nous réveillait. Je ne pourrais vous dire tout ce que nous nous mîmes sur le dos : outre onze paquets de cartouches, notre sabre, notre carabine, nous avions une tente, une couverture, le manteau, le sac plein, et des vivres pour deux jours avec les casseroles en sus. En prenant tout cela, je ne croyais certes pas pouvoir faire seulement une lieue.

A trois heures précises nous arrivâmes au Macao [1], caserne neuve, en dehors de Rome, où le rendez-vous était fixé. A quatre heures, nous sommes partis, tous les zouaves de service, deux mille cinq cents à peu près, suivis de la légion et des carabiniers suisses, au nombre de dix-huit cents. Des dragons, quatre pièces d'artillerie pontificale et des gendarmes complétaient l'effectif de nos troupes. Un régiment de ligne français, avec un bataillon de chasseurs à pied et quelques chasseurs à cheval suivaient notre colonne.

La pluie tombait, et jusqu'à Ponte-Nomentana, pendant une lieue, nous l'avons eue. Là, trois compagnies [2] du deuxième bataillon, sous le commande-

---

[1] Autrement dit le camp prétorien.
[2] La 3e, la 4e et la 5e du deuxième bataillon. « Notre rôle est ingrat et n'a qu'une importance secondaire, quoique très-réelle. Nous nous montrons à deux heures devant Monte-Rotondo pour empêcher tout secours d'arriver à Mentana,

ment de M. de Troussures, sont parties par une route de traverse pour tourner l'ennemi; nous en étions. A dix heures, nous nous sommes arrêtés pour faire le café. Quel changement dans mon existence ! Je coupais du bois, j'établissais la marmite sur deux pierres, le tout, du reste, dans une charmante vallée entourée de bois et dans laquelle paissait une troupe de chevaux.

A onze heures et demie, nous étions repartis à travers prairies et bois; de temps en temps des chemins à faire perdre à ceux de Quimper-Corentin leur renommée. A midi, nous apercevions Mentana, et un peu en arrière Monte-Rotondo. Quelques coups de feu retentissent; nous pressons le pas. A une heure, je pars avec une vingtaine d'autres et Alain à notre tête, en tirailleurs. Nous attendons une heure presque.

Pendant ce temps, les coups de canon et la fusillade faisaient rage à Mentana. Enfin, à deux heures, Alain nous emmène à l'assaut d'une colline. Jamais je n'oublierai cela. Depuis deux heures du matin, nous étions le sac au dos, et dans ce moment nous grimpions une pente tellement raide, que notre poitrine touchait presque la terre. Heureusement, pas un tirailleur ennemi ne nous attendait en haut. Nous nous sommes mis à tirailler sur les chemises rouges jusqu'à quatre heures. A ce moment, une quantité de fuyards de Mentana, se trouvant coupés dans leur retraite sur

qui est le lieu d'attaque..... Il faut de la prudence, car nous ne sommes que trois compagnies isolées. Je commande la première section en avant.... La nuit arrive, nous marchons sur la ville; l'avant-garde entre, tue quelques garibaldiens, en prend d'autres; l'arrière-garde fait de même. »

(Journal d'Alain.)

Monte-Rotondo, sont venus, leur mouchoir à la main, demandant la vie. Nous leur avons pris leurs armes ; Alain a un superbe revolver monté en ivoire et le canon damasquiné. A la nuit tombante, nous nous sommes avancés vers Mentana, du côté de Monte-Rotondo ; une escouade est entrée en ville, a tué une dizaine de garibaldiens, et puis s'est repliée sur nous. Nous sommes restés là, sur la route, la durée d'une heure.

Pendant ce temps nous entendions les plaintes des blessés dans une chapelle et dans les maisons... C'était affreux ! Tous demandaient à boire ; nos prisonniers aussi ; mais nous n'avions que du tabac à leur offrir ; plus d'un a profité de mon papier à cigarettes. Nous sommes enfin arrivés au campement à huit heures du soir, et enfin nous avons mis sac à terre ! nous le portions depuis seize heures, avec du café et du pain seulement dans l'estomac ! Pendant une heure encore, nous avons été conduire les prisonniers au quartier-général ; il y en a de toute sorte : des jeunes, des vieux, des *voyous* et des gens comme il faut, en général, officiers piémontais. On ne savait où les mettre. Mais quelle nuit nous avons passée ! Du bois vert, pas de paille, pas de tentes presque, sur l'herbe mouillée, et depuis le matin pas une goutte d'eau ! Enfin, lundi, à six heures du matin, on nous crie qu'on en a. Nous partons, deux bidons à la main, et à un kilomètre au moins, nous trouvons cette eau ; c'était une mare dans une carrière. Notre café ressemblait juste à du café au lait, mais il n'est pas un homme qui ne fût trop heureux de le verser sur son biscuit dans sa gamelle. Un rayon de soleil arrivant

par là-dessus, tout fut oublié et chacun s'en fut
aux provisions et aux nouvelles. A onze heures,
Alain est revenu avec un vieux coq, des choux et
des céleris; nous avons fait, avec les deux de Jer-
phanion, de Couëssin, notre capitaine, de Martini,
notre sous-lieutenant, Harscouët de Saint-Georges,
notre sergent-major, un déjeuner que nous avons
trouvé délicieux. Alors seulement, nous avons un peu
su ce qui s'était passé.

En somme l'honneur est tout aux zouaves et aux
carabiniers suisses. Les Français avouent qu'ils ne
croyaient pas qu'on se battit comme cela par ici [1]. Il
y avait, dit-on, six à sept mille garibaldiens [2]. Ils ont
eu énormément des morts, et lundi matin il y avait
1,500 prisonniers; il s'en fait aujourd'hui encore de
tous les côtés. Garibaldi était là, mais le vieux est
parti quand il a vu que ça chauffait trop dur.

De notre côté il y a vingt-trois zouaves de tués,

---

[1] L'envahissement des Etats pontificaux, annoncé depuis longtemps, a commencé le 4 octobre. Le 17, par une Lettre encyclique, le Pape constate « qu'il
n'y a personne, excepté notre Seigneur Dieu, qui soutienne la lutte en sa
faveur. » Les Français n'arrivent à Rome que le 29; ils n'ont paru en face de
l'armée piémontaise costumée en garibaldiens que le 3 novembre. La petite
armée pontificale a donc supporté tout le poids de cette invasion pendant un
long mois, faisant face partout, et partout victorieuse. A Mentana elle a de-
mandé à être la plus engagée: c'était son droit; seule elle a donné pendant trois
heures et a enlevé et gardé ses positions comme on l'a vu. Ce n'est qu'à la fin
que le régiment français l'a appuyée par un feu de peloton avec les nouvelles
armes. « L'effet moral produit par cette prodigieuse détonation a été des meilleurs, » dit M. l'officier d'ordonnance de la Salmonière, parfaitement placé
pour suivre toutes les opérations. — « Nous avons conquis dans cette journée
l'admiration de l'armée française; les chasseurs à pied et le 1er de ligne ne ta-
rissent pas d'éloges sur notre conduite. » (Journal d'Alain.)

[2] Les journaux officiels disent : pas moins de 10.000. On a dit 12.000 et
même 15.000.

pas mal de blessés¹. Du Bois-Chevalier a deux coups de baïonnette dans la poitrine.

Les carabiniers suisses ont quelques morts. En résumé, nous avons peu de mal, eu égard à la fusillade qu'il y a eu.

Lundi à deux heures, nous avons quitté notre campement pour Monte-Rotondo; il n'y a que deux milles, mais c'était affreux! Ici un mort, blanc comme le marbre, là un autre, la figure écrasée par un coup de crosse, plus loin un cheval étendu, ailleurs une mare de sang au milieu de la route... Mais comme on s'habitue vite à cela!!

Monte-Rotondo a été évacué par les garibaldiens dès hier. Aujourd'hui, mardi, je me suis un peu promené dans la ville. Le palais Piombino, que nous occupons, la domine tout entière; c'est une vraie forteresse. Nous y couchons, Alain et moi, dans la chambre de Garibaldi, en un lit de six pieds de large sur dix de long. J'ai vu l'église.,.. A la porte, triple rangée d'ordures! Ordures dans les bénitiers, ordures dans la chaire, ordures sur l'autel!...

La porte du tabernacle au milieu de l'église, à terre, est percée de deux ou trois coups de baïonnettes et de balles....

Dans la sacristie, les crucifix sont en morceaux....

² Parmi ces blessés, outre ceux déjà nommés, nous trouvons : MM. Jacquemont et Dujardin, lieutenants aux zouaves; de Castella, major aux carabiniers suisses; Kerré, de Plouvern (Finistère); Creach, de Saint-Pol-de-Léon; Cathelineau; Yves de Quatrebarbes, de Laval. — M. Pascal, de Nimes, a été tué. M. Pascal, engagé déjà aux zouaves, a dû revenir pour la conscription. Ayant eu un mauvais numéro, il prend la moitié de sa petite fortune et s'exonère, puis il repart pour Rome. Il n'a été avare, celui-là, ni de sa bourse, ni de son sang !

J'ai vu de braves Hollandais priant et pleurant baiser le Christ détaché de sa croix!... Les ornements sont déchirés, les vases sacrés disparus.

Demain, mercredi matin, nous partons pour Rome; nous devons y entrer à deux heures; je ne sais s'il y aura quelque fête; je le crois, je vous le dirai.

HERVÉ.

4 novembre. — Les garibaldiens restés dans la ville au nombre de 800 capitulent. On leur fait de belles conditions, c'est, dit-on, pour épargner notre sang; la raison vaut bien quelque chose sans doute, mais n'est point péremptoire. Les troupes se réunissent par corps et nous allons à Monte-Rotondo. Les garibaldiens l'ont évacué laissant près de 5,000 fusils. La ville est triste; tous les habitants sont ruinés; le pays ne s'en relèvera pas de sitôt. Nous avons visité l'église; l'aspect en fait horreur. Tout est cassé, brisé, souillé... La révolution française n'a pas été plus brutale dans nos pays. Nos zouaves, nos Flamands surtout prient les larmes aux yeux au pied de l'autel dévasté. C'est un spectacle admirable dont je garderai toujours le souvenir. Ce sont de vrais croisés; ils en ont la foi, ils en font les actes. (Journal d'Alain.)

5 novembre. — Nous passons encore cette journée à Monte-Rotondo. Il est difficile de vivre ici; les garibaldiens ont tout bu et tout mangé. Il n'y a pas de sauterelles pareilles pour tout dévaster; c'est un véritable fléau; demain nous partons pour Rome. (Journal d'Alain.)

Rome, le 6 novembre 1867. — Nous sommes partis

ce matin de Monte-Rotondo et nous voici arrivés par un soleil d'été : j'ai bien maigri de plusieurs kilos aujourd'hui. On nous a fait une réception enthousiaste : des fleurs sur nos têtes, des *erviva,* des larmes dans les yeux ; ça fait quelque chose et ça encourage. Du Bois-Chevalier est un peu mieux, M. Dufournel est mort, La Peyrade est bien. Adieu, je vous embrasse tous et toutes. Je jette vite cette lettre à la poste : on dit que nous partons demain pour reprendre Viterbe ; tant mieux[1] !

N'oubliez personne de mes amis, faites savoir de mes nouvelles à tous ceux qui veulent bien s'intéresser à moi.

Alain a une photographie de Garibaldi avec sa signature et une dédicace *A amico mio il Vecchio,* etc.... — Il y avait des centaines de fusils à Mentana, près de deux mille à Monte-Rotodo, mais j'avais assez de mon sac. Je n'ai que la moitié d'un sabre-baïonnette ; j'en ferai...... un coupe-papier !

HERVÉ.

7 novembre. — Ce matin est partie une colonne de Français et de Pontificaux mêlés ; ils vont à Viterbe mais pour n'y rien trouver ; pas plus qu'à Tivoli et à Velletri. — Nos blessés et ceux des garibaldiens sont fort bien traités ; la charité romaine se multiplie. Madame Stone est à la tête ; c'est une admirable figure qui restera gravée dans l'esprit et surtout dans le cœur de tous ceux qui ont fait et suivi cette campagne.

ALAIN.

[1] Viterbe a en effet été réoccupée le 9 : les garibaldiens s'étaient retirés devant la haine de la population.

13 novembre. — On dit que nous allons avoir une médaille commémorative[1].

HERVÉ.

4ᵉ Compⁱᵉ du 2ᵉ bⁿˢ.

— Tel est ce récit, écrit par deux frères, Alain et Hervé Sioc'han de Kersabiec, l'un lieutenant, l'autre soldat aux zouaves pontificaux; il est complet, rapide, précis, plein de gaieté et d'énergie avant l'action, de calme après la bataille. Ce journal n'était pas destiné au public ; je me suis permis de le lui offrir. Si j'ai eu tort, la faute en est à moi seul; qu'on veuille bien me le pardonner; je mets mon nom à l'abri de ceux de mes frères, beaucoup plus jeunes que moi et qui sont devenus mes aînés dans la carrière de l'abnégation et du dévouement.

Vᵗᵉ E. SIOC'HAN DE KERSABIEC.

---

[1] Les journaux annoncent en effet que la municipalité romaine a décidé de décerner à tous ceux qui ont pris part à cette campagne et sauvé Rome le titre de *citoyen romain*; leurs noms seront conservés dans les archives au Capitole; en outre, une médaille leur sera remise. Le Souverain-Pontife, de son côté, doit donner à chacun une croix commémorative; le ruban en serait de couleur bleu de ciel.

ALLOCUTION DU SAINT-PÈRE

AUX VOLONTAIRES PONTIFICAUX.

« Au milieu de toutes les disgrâces qui Nous environnent, au milieu de tous les maux que le démon invente pour exercer Notre patience, pour troubler la paix des bons, et qu'il vaut mieux indiquer, en général, que signaler particulièrement, c'est assurément une grande consolation pour Nous de voir, de sentir et d'exprimer deux choses qui sont l'admiration de l'Europe, savoir : la fidélité et l'héroïsme de Nos troupes, et l'adhésion sincère de Nos sujets au Saint-Siége et au Vicaire de Jésus-Christ, quoique, par lui-même, ce Vicaire soit indigne. Vous réunissez ces deux qualités : Vous êtes militaires *propter occasionem*, et sujets par votre sincère dévouement. Béni soit donc le Seigneur, qui a pitié de Nous dans les tribulations actuelles, qui fortifie Notre faiblesse, et qui Nous donne de ce calice amer, mais avec mesure. Je le prie de répandre sur vous ses grâces particulières. Que cette affection que vous témoignez au Père commun des fidèles, distingue et fasse prospérer vos familles ! Je prie Dieu qu'il vous accompagne de sa bénédiction et qu'il confirme les sentiments que vous avez prouvés ces jours derniers par vos remarquables sacrifices. Que le Seigneur donc vous bénisse, dans votre corps, dans votre âme, dans vos biens, dans vos fatigues, dans vos travaux, afin que bénis ainsi, vous puissiez être dignes de le bénir dans toute l'éternité !

» *Palais du Vatican, 29 octobre 1867.* »

3

M. de la Salmonière résume ainsi le combat de Mentana en un tableau général : « J'ai assisté, dit-il, à cette affaire en qualité d'officier d'ordonnance du colonel des zouaves, ce qui m'a permis de juger parfaitement toutes les opérations.

» L'ennemi occupait une position formidable sur un parcours de trois kilomètres en avant de Mentana, et tenait cette ville parfaitement protégée par des remparts ; ce combat a duré cinq heures.

» Dès le principe, on avait confié au régiment des zouaves la mission d'enlever, coûte que coûte, les positions en avant de Mentana; ils se sont parfaitement acquittés de cette besogne, et ont donné seuls pendant plus de trois heures, simultanément avec l'artillerie, qui, d'une hauteur, envoyait des boulets sur la ville. Après ce premier effort, on nous a renforcé d'un régiment de Français, qui a fait un feu de peloton avec ses nouvelles armes. L'effet moral, produit par cette prodigieuse détonation sur l'ennemi, a été des meilleurs. — La nuit s'est passée sans incident grave, et le lendemain matin, une partie de ce qu'ils étaient de garibaldiens s'est constituée prisonnière, et l'autre s'en est allée sans tambours ni trompettes, laissant armes et bagages en notre possession.... Le vieux Giuseppe était à cette affaire avec ses fils, mais il est parti dès qu'il a vu que cela tournait mal. »

———

M. l'aumônier Daniel nous donne l'aspect du champ de bataille au point de vue du prêtre, — c'est le rapport de la charité sacerdotale.

« Le 3 au matin, à trois heures et demie, nous étions sur pied, dit-il, et nous partions ensemble, M. l'abbé Peigné et moi. Au point du jour, nous avons fait halte dans une immense prairie pour nous reposer et manger ; j'ai profité de ce temps pour confesser plusieurs de nos zouaves. A dix heures et demie, les premiers coups de fusil ont commencé. Nos zouaves, à l'avant-garde avaient rencontré les postes avancés des garibaldiens. Les positions étaient difficiles : les garibaldiens étaient embusqués sur des collines, dans des bois. Il a fallu tout l'entrain des nôtres pour courir sur ces positions, les enlever, refouler plus loin l'ennemi.

« Déjà nous avions des pertes. M. Peigné et moi nous nous séparâmes en faisant le signe de la croix et emportant avec nous l'huile sainte pour l'Extrême-Onction. Je trouvai aussitôt sur la route Yves de Quatrebarbes, qui me dit : « Ce n'est rien, monsieur l'aumônier, ne perdez pas votre temps avec moi : il y en a de bien plus blessés plus loin... » Je trouvai un Hollandais blessé à mort ; il respirait encore ; je lui donnai l'absolution et l'Extrême-Onction.

» Plus loin, Pierre Audoin, voyant son capitaine exposé, s'était précipité devant lui en lui criant : « Mais, mon capitaine, retirez-vous ! » Une balle l'a frappé. A côté de lui, était tombé Leton, d'auprès Cholet ; c'était son ami. Audoin me dit : « Monsieur l'aumônier, cachez-vous ; les balles nous viennent ! » Je lui fis observer que j'étais un peu protégé par un arbre, et je leur donnai l'Extrême-Onction ; puis j'allai plus avant. — Je trouvai plusieurs blessés garibaldiens ; j'en confessai deux, les autres s'y refusèrent. Dans le moment, le pauvre capitaine de Vaulx tombait mort ; j'arrivai trop tard ; la balle lui avait traversé le cœur ; il s'était confessé la veille au soir.

L'affaire s'engageait de plus en plus ; du Bois-Chevalier, de Nantes tomba blessé ; je voulus l'aller rejoindre ; c'était impossible. — Un autre tombe à côté de moi, percé à la gorge d'une balle qui le faisait râler. Je me hâtai de lui donner l'absolution, le retirai un peu plus bas, afin qu'il fût moins exposé aux balles qui sifflaient, et je lui administrai l'Extrême-Onction ; puis, avec la moitié de mon mouchoir, on lui fit un bandeau à la gorge. J'ai été heureux de le retrouver vivant et transporté à l'hôpital.

» Les zouaves avançaient toujours, mais le feu était serré. Les balles pleuvaient comme la grêle ; il y eut un vilain moment dans un petit chemin. Le jeune Guérin, de Vannes, était tombé ; je le vis, et lui donnai les derniers Sacrements.

» Au même instant, j'appris que Loirant était tombé plus en avant ; je partis aussitôt.

» Je trouvai, avant lui, Pascal, qui m'avait donné du pain à la grande halte ; il était mort. C'était un saint jeune homme. — En continuant dans ce chemin, je trouvai Elie Chevalier, du Petit-Séminaire de Nantes ; je l'encourageai et lui donnai l'absolution et l'Extrême-Onction. Enfin, je rencontrai Loirant. Il avait une blessure au ventre. Je le trouvai très-calme. Son ami Bonvallet lui soutenait la tête. Nous étions couchés à plat ventre dans le chemin. Je le confessai et lui donnai l'Extrême-Onction. Il me dit : « Je pense à ma mère... »

» C'est le soir seulement que je sus que Rialland avait été frappé :

je le dis à M. Peigné, qui en fut attéré. Ce brave et excellent jeune homme, frappé à la tête, est mort près de Mentana, derrière un mulon de foin. »

Il faut s'arrêter, c'est un martyrologe, et comme un chant des grandes épopées chrétiennes de la France.

Le vendredi 8 il y a eu service à la chapelle Sixtine pour les soldats morts; le Pape lui-même a prononcé l'absoute. Il était profondément ému. Une première fois, en priant Dieu d'accueillir dans sa miséricorde « l'âme de ses soldats » (*animam nostrorum militum*), il a dû s'arrêter un instant, il a repris cependant, mais en finissant l'oraison et aux mots : *Per Christum;* il n'a pu aller plus loin; il s'est arrêté tout à fait; les larmes lui coupaient la voix. Quel spectacle! ce roi, ce père, pleurant sur ces soldats qui sont ses enfants et qui se sont volontairement sacrifiés pour lui !

RAPPORT DU GÉNÉRAL KANZLER

A S. S. NOTRE SAINT-PÈRE LE PAPE.

GLORIEUSEMENT RÉGNANT.

———

Rome, 12 novembre 1867.

TRÈS-SAINT-PÈRE,

En attendant que je puisse déposer aux pieds de Votre Sainteté un rapport détaillé sur les nombreux faits d'armes et les combats que les troupes pontificales ont glorieusement soutenus contre les envahisseurs des États du Saint-Siége, il me semble nécessaire de présenter à Votre Sainteté un rapport spécial sur le combat de Mentana, combat auquel ont vaillamment coopéré les troupes françaises, nos alliées, afin que la vérité sur cette action décisive se dégage le plus vite possible des mensonges par lesquels la presse révolutionnaire s'étudie à la défigurer.

L'invasion des troupes régulières était menaçante; déjà même quelques rapports nous étaient parvenus sur la violation de nos frontières du côté de Monte-Rotondo. Les bandes garibaldiennes augmentaient sans cesse dans les provinces, et sur plusieurs points déjà elles s'étaient organisées en corps importants. Tous ces motifs m'engagèrent, le 27 octobre dernier, à proposer à Votre Sainteté la grave mesure d'abandonner les provinces et de concentrer toutes les troupes à Rome, afin de ne pas les exposer à être écrasées isolément par l'invasion.

Aussitôt dégarnies, ces provinces ont été envahies par les bandes de Garibaldi, qui, après cette occupation sans lutte, devinrent redoutables par leur nombre et leurs exigences.

Le 26, la petite garnison de Monte-Rotondo était assaillie par des forces dix fois supérieures et ne cédait qu'après la plus héroïque défense. Enhardies par ce succès, les bandes poussèrent leurs avant-postes jusque sous les murs de Rome, et menaçaient la ville et ses environs, tentant de prêter secours aux nombreux sicaires introduits furtivement dans la capitale, pour la rendre, elle aussi, victime de leurs sacrilèges intentions.

Il était donc urgent de frapper sur ces bandes un coup décisif, afin d'en réprimer l'audace toujours croissante, et d'opposer un frein à leurs barbares entreprises.

C'est dans ce but que, me mettant à la tête d'une colonne de troupes peu inférieure en nombre aux garibaldiens, je résolus de les combattre à l'endroit même d'où ils se vantaient de vouloir partir pour marcher à la conquête de Rome.

Instruit de mon projet, le général en chef commandant le corps expéditionnaire français, comte de Failly, manifesta le désir de nous appuyer avec une colonne de ses troupes; elle devait surtout nous garantir contre toute surprise de la part des autres bandes qui se trouvaient déjà réunies en grand nombre à Tivoli, et qui, averties à temps, auraient pu tomber sur nos derrières pendant que l'on opérait sur Monte-Rotondo.

La colonne pontificale sous les ordres du général comte de Courten fut composée comme il suit :

Deux bataillons de zouaves commandés par le colonel Allet, effectif... 1.500 h.

Un bataillon de carabiniers (chasseurs à pied étrangers), commandé par le lieutenant-colonel Jeannerat..... 520

Un bataillon de la légion romaine, sous les ordres du colonel d'Argy.. 540

Une batterie de six pièces d'artillerie, commandée par le capitaine Polani.............................. 117

Un escadron de dragons de quatre pelotons, sous les ordres du capitaine Crémona........................... 106

Une compagnie de sapeurs du génie............... 80

Plus, gendarmes...................................... 50

TOTAL............ 2.913 h.

La colonne française, qui nous suivait comme réserve, commandée par le général de brigade·baron de Polhès, se composait de :

2e bataillon de chasseurs à pied, commandant Comte;

1er bataillon du 1er régiment de ligne, sous les ordres du colonel Frémont.

1er bataillon du 29e de ligne, sous les ordres du lieutenant-colonel Saussier.

Deux bataillons du 59ᵉ de ligne, sous les ordres du colonel Berger.

Un peloton du 7ᵉ chasseurs à cheval, commandant Wederspoch Thor.

Un peloton de dragons pontificaux, commandé par le sous-lieutenant Belli.

Une demi-batterie d'artillerie.

Le total formait un effectif d'environ 2,200 hommes, de sorte que les deux colonnes ensemble s'élevaient au plus à 5,000 hommes.

Nous sortîmes de Rome à quatre heures du matin par la porte de Pie, nous dirigeant au delà du pont Nomentana, sur la route qui conduit à Mentana. Après avoir passé ce pont, j'ai donné l'ordre au commandant de Troussures, officier supérieur très-distingué du régiment des zouaves, de se porter avec trois de ses compagnies sur la via Salara, le long du Teverone. Il devait s'avancer avec précaution et opérer de ce côté une diversion fort utile pour attirer l'ennemi, tandis que j'aurais poussé l'attaque du côté opposé.

L'avant-garde de la colonne principale, précédée d'un peloton de dragons, sous les ordres du lieutenant de la Rochette, comprenait trois compagnies de zouaves, commandant de Lambilly, et une section d'artillerie sous les ordres du lieutenant Cheynet.

L'ennemi que nous allions attaquer avait pris position; il se tenait sur la défensive, et loin de se disposer à battre en retraite, il préparait un mouvement de concentration sur Tivoli. Prévenu par ses éclaireurs de la marche de nos colonnes, il se mit en mesure de nous tenir tête. Les barricades trouvées tant à Mentana qu'à Monte-Rotondo et ses postes avancés prouvèrent évidemment qu'il s'était retranché dans des positions assez fortes pour nous attendre et nous résister.

A midi trois quarts environ, et à quatre kilomètres de Mentana, l'avant-garde rencontrait les premiers postes garibaldiens, établis dans des positions très favorables, sur les hauteurs qui commandaient la route que nous suivions. Nos zouaves sans hésiter, se jetèrent sur cette première ligne ennemie et successivement tout le régiment de cette arme se trouva sérieusement engagé.

Dans cette première rencontre, le feu ne fut pas très-vif, parce que l'ennemi, brusquement attaqué à la baïonnette, fut refoulé de ces hauteurs sur d'autres peu éloignées. Dès le début, le capitaine de Veaux, frappé d'une balle au cœur, tombait glorieusement à la tête de sa compagnie.

Cette attaque impétueuse fut soutenue par le bataillon de carabiniers étrangers, dont une compagnie prit la gauche de la route, tandis que les autres étaient lancées sur la droite. En même temps deux compagnies de la légion, placées dans un bois voisin, par un feu ha' bilement dirigé, repoussaient les garibaldiens, qui entretenaient une fusillade très-nourrie contre le flanc gauche de notre colonne. L'ennemi, délogé de ses premières positions, se repliait en désordre et allait se reformer à couvert en masses imposantes dans l'enceinte murée de la Vigna-Santucci. Ce point important fut encore enlevé rapidement par les zouaves, qui, avec un élan irrésistible, prirent d'assaut l'enceinte et les bâtiments de cette vigne.

Le lieutenant-colonel de Charette conduisit de sa personne les zouaves à l'attaque, et son cheval reçut trois coups de feu. Le colonel Allet, durant toute l'action, s'efforçait de maintenir compacts les rangs de ses soldats emportés par leur ardeur.

Dès le commencement, l'action avait été appuyée par le feu d'une pièce d'artillerie mise en batterie sur une hauteur, à gauche de la route. Les coups étaient dirigés sur le gros des ennemis qui se reformait à la Vigna-Santucci. Le feu de cette pièce ne cessa qu'au moment où les progrès rapides de notre infanterie en rendirent l'usage dangereux pour nos troupes.

Toute la colonne arriva à la hauteur de la Vigna-Santucci. Dans ce moment, sur un mamelon à la gauche de la route et à 800 mètres environ de Mentana, on plaça un obusier. Bientôt après, deux pièces rayées de l'artillerie française s'y adjoignirent. Elles étaient appuyées par deux compagnies de chasseurs à pied. Cette artillerie battait le château de Mentana et contrebattait l'artillerie ennemie.

Presque en même temps, une autre pièce d'artillerie pontificale était mise en batterie sur la route, à 500 mètres de Mentana. Jugeant aussi que la Vigna-Santucci présentait une position avantageuse pour placer du canon, j'y fis avancer la troisième section de la batterie Polani, qui, avec le plus grand succès, croisa ses feux avec ceux des pièces françaises, situées à peu de distance du mamelon de gauche.

Cependant notre infanterie, avec une vigueur toujours croissante, s'avançait vers Mentana, cherchant à gagner du terrain, tant sur la droite que sur la gauche de cette formidable position; mais l'ennemi, s'apercevant du mouvement, déploya deux fortes colonnes pour nous prendre de flanc des deux côtés à la fois. Sa manœuvre réussit surtout sur notre droite. Le bataillon des carabiniers qui s'était élancé fort en avant dans une plantation d'oliviers, à très-petite distance des habitations, se trouva bientôt entre deux feux, et, malgré des pertes sensibles, il ne recula pas.

Le brave colonel de Courten, bien que retiré du service depuis plusieurs années, suivait ce corps comme volontaire, et voulut partager à pied, comme simple soldat, les fatigues de la campagne. Le bataillon paya cher la solidité dont il fit preuve dans cette attaque. Il eut proportionnellement aux autres corps, un plus grand nombre d'hommes mis hors de combat. Parmi ceux-ci, le commandant de Castella, à la tête de quelques compagnies, eut son cheval tué sous lui, et fut lui-même blessé.

Un peloton de dragons, commandé par le lieutenant de la Rochette, à la suite d'une colonne de trois compagnies de la légion, sous les ordres du commandant Cirlot, prit part à l'action. Cette colonne avait été envoyée par le général de Courten pour tourner Mentana par la droite, afin de couper à l'ennemi sa communication avec Monte-Rotondo; mais les nombreuses difficultés du terrain empêchèrent la cavalerie de concourir avec la rapidité voulue au but proposé.

Il était déjà trois heures et demie, notre réserve était presque épuisée; car le colonel d'Argy, de la légion romaine, chargé de soutenir notre centre, n'avait plus à sa disposition qu'une force minime. Je fis demander à M. le général de Polhès de nous appuyer. Les soldats français, qui, jusqu'à ce moment, avaient assisté impatiemment à nos progrès, s'élancèrent avec leur valeur habituelle sur les lignes ennemies, qui cherchaient à nous envelopper.

Le colonel Frémont, du 1er de ligne, avec son bataillon, et appuyé par trois compagnies de chasseurs à pied, non-seulement arrêta la colonne ennemie, mais arrivé sur l'extrême gauche des garibaldiens, il ouvrit contre eux un feu si vif et si meurtrier, qu'il les contraignit à prendre précipitamment la fuite. Ce brave colonel eut de plus la hardiesse de se porter jusque derrière Mentana même, à peu de distance de Monte-Rotondo, et il y serait peut-être entré avec sa colonne avant les garibaldiens, s'il ne se fût jugé trop isolé du reste de nos forces.

Le lieutenant-colonel Saussier, du 29e de ligne, exécutait, lui aussi, un mouvement analogue sur notre gauche. Ayant rencontré une colonne ennemie d'environ 1,500 hommes, qui occupait les hauteurs de Monte-Rotondo, il prit, malgré l'infériorité de ses forces, une position avantageuse qui lui permit de la contenir d'abord et ensuite de la repousser.

Le détachement commandé par le chef de bataillon de Troussures arriva fort à propos sur ce point. Cet officier avait longé le Tibre, et, par d'habiles mouvements exécutés avec les trois seules compagnies dont il disposait, il contribua puissamment à tenir en respect les garibaldiens et à paralyser leur attaque sur notre droite.

Plus tard, il établit des compagnies à cheval sur la route entre Monte-Rotondo et Mentana et pénétra même dans le village où il fit plusieurs prisonniers.

Ayant rencontré cependant une vigoureuse résistance et sachant

Monte-Rotondo encore occupé par les bandes, il traversa avec autant de bonheur que de hardiesse la ligne ennemie et se porta sur notre extrème droite auprès du bataillon du 1er de ligne, où le soir il établit ses bivouacs.

Sur ces entrefaites, une section d'artillerie, commandée par le capitaine Daudier, s'établissait à 300 mètres des murs du château de Mentana, et ouvrait un feu qui, à cette distance, eût été très-efficace; mais ses pièces, trop exposées à la mousqueterie ennemie, coururent grand risque de ne pouvoir opérer leur retraite. Bravement soutenue pourtant par une compagnie de zouaves, la position fut conservée quelque temps, tout en éprouvant des pertes sérieuses. Le maréchal des logis comte Bernardini y fut tué, deux conducteurs et plusieurs chevaux y furent blessés. Cette section fut néanmoins dégagée et prit une position plus avantageuse.

L'infanterie, qui depuis plusieurs heures avait soutenu et repoussé avec un indicible élan les efforts réunis de l'ennemi, s'était peu à peu massée autour de Mentana, qui maintenant était enfermée dans un cercle de fer dont les défenseurs, abrités derrière les murailles, continuaient sur nous un feu très-vif. Je jugeai donc le moment venu de donner un assaut décisif pour mettre fin au combat avant la chute du jour. Je donnai alors les ordres en conséquence et fit prévenir M. le général de Polhès, qui, avec le colonel Berger, voulut lui-même marcher à la tête du 59e de ligne et du 2e bataillon de chasseurs à pied. Cette colonne s'avançait dans un chemin encaissé à droite de la grande route jusqu'à une très-petite distance des murs de Mentana. Elle réussit à chasser l'ennemi des vignes environnantes qu'il occupait encore; mais, malgré les plus héroïques efforts, elle ne put pénétrer dans le village, flanqué de plusieurs maisons isolées, toutes fortement occupées par les garibaldiens.

Le but principal du combat de la journée me semblait atteint, car l'ennemi, culbuté dans toutes ses positions, après des pertes considérables, s'était enfermé dans Mentana, où il devait nécessairement être en proie à la plus grande démoralisation. Je résolus donc, vu l'approche de la nuit, de remettre au lendemain matin une nouvelle attaque. Je pris cette détermination avec d'autant plus de confiance, qu'il était évident pour moi que les garibaldiens, n'ayant pas la retraite libre, devaient se rendre plutôt que d'affronter un assaut qui ne pouvait que leur faire subir un échec beaucoup plus sérieux.

En conséquence, je ralliai mes troupes, qui se trouvaient mêlées aux corps français dans les différentes positions enlevées à l'ennemi, et, après avoir pris les mesures de sûreté nécessaires, je fis établir les bivouacs pour la nuit sur le terrain même occupé par les garibaldiens.

J'installai, en outre, de forts avant-postes autour de Mentana, pour avoir la certitude que l'ennemi ne pût profiter de l'obscurité pour opérer une retraite.

La nuit se passa sans incident remarquable.

Les événements du lendemain prouvèrent pleinement la justesse de mes prévisions. En effet, le 4 au matin, on amenait au quartier général un parlementaire qui proposait la reddition de Mentana, demandant que les garibaldiens pussent se retirer avec armes et bagages. Ces conditions furent naturellement refusées.

Cependant, le commandant Fauchon, du 59e de ligne, avançait dans le village de Mentana, en faisant un grand nombre de prisonniers. Comme cette foule de garibaldiens, jointe aux nombreuses captures opérées dans les engagements précédents, nous causait un grand embarras, on consentit à accorder aux défenseurs restés dans le château de Mentana la faculté de se retirer au-delà de la frontière, en abandonnant leurs armes.

Sur la nouvelle que les garibaldiens avaient évacué Monte-Rotondo pendant la nuit, le colonel Frémont, avec un bataillon du 1er de ligne, et suivi du 2e chasseurs à pied, y entra dans la matinée sans coup férir, acclamé par la population, aux cris de : Vive le Saint Père ! et Vive l'Empereur des Français !

Ce fut un douloureux spectacle pour nos troupes que l'aspect de la ville de Monte-Rotondo. Les églises dépouillées et profanées, les habitants remplis de terreur par les violences et les exactions dont ils avaient été victimes. Les troupes furent donc accueillies comme des libérateurs.

Garibaldi, qui, avec ses fils, assistait au combat de Mentana, ne se montra jamais au premier rang, et lorsqu'il vit les siens ployer en désordre sur tous les points devant la valeur de nos soldats, il se hâta de se mettre en sûreté à Monte-Rotondo, selon les informations qui nous sont parvenues. De là, le soir même, avec sa famille, il repassa la frontière, changeant ainsi son cri de guerre impie : *Rome ou la mort !* en celui de : *Sauve qui peut !*

Du reste, il faut convenir que les mouvements de l'ennemi ont été bien dirigés, et que, confiants dans leur supériorité numérique et dans l'avantage de leurs positions, les garibaldiens se sont défendus courageusement sur différents points et surtout derrière les murs et les barricades.

Nos pertes se montent :

Colonne de Courten.

Régiment de zouaves : 24 morts, 57 blessés, y compris le capitaine de Veaux, tué ; le lieutenant Jacquemont et le sous-lieutenant Dujardin, blessés.

Légion romaine : 6 blessés.

Carabiniers étrangers : 5 morts, 37 blessés. Parmi ces derniers, le commandant de Castella et le sous-lieutenant Deworsheck.

Artillerie : 1 mort, 2 blessés.

Dragons : 1 blessé.

Total : 30 morts et 103 blessés.

Colonne de Polhès.

2e bataillon de chasseurs à pied : 6 blessés ; 1er régiment de ligne : 2 blessés ; 29e de ligne : 5 blessés ; 59e de ligne : 2 morts, 22 blessés, 1 disparu.

Parmi les blessés, le capitaine Marambat et le lieutenant Blanc.

Chasseurs à cheval : 1 blessé.

Total : 2 morts, 1 disparu et 36 blessés.

D'après les renseignements recueillis auprès des prisonniers et des habitants de Mentana, et à en juger par les milliers d'armes, trouvées tant dans cette localité qu'à Monte-Rotondo, le nombre des garibaldiens devait se monter à 9,000 environ. Un millier des leurs est resté tué ou blessé sur le champ de bataille ; 1,398 ont été faits prisonniers, plusieurs centaines ont été escortées jusqu'à la frontière, et le reste a pris la fuite en jetant et brisant pour la plupart leurs armes et laissant un canon en notre pouvoir.

Le résultat de la victoire a donc été aussi complet qu'on pouvait le désirer.

L'humanité de l'armée ne l'a cédé en rien à son courage. Les troupes de toutes armes, bien qu'exténuées par la fatigue de la route et par plus de quatre heures consécutives de combat, se mirent le soir même à la recherche des blessés et reprirent le lendemain le même service, transportant aux ambulances, avec les plus grands soins, aussi bien les garibaldiens que leurs compagnons d'armes.

Tous ces malheureux ont reçu la même assistance et les mêmes traitements, non-seulement de la part des chirurgiens militaires et des infirmiers attachés à l'ambulance, mais encore de la part de l'héroïque et charitable Mme Catherine Stone, de trois sœurs de Saint-Vincent-de-Paul et de MM. le docteur Ozanam, le vicomte Charles de Saint-Priest, Vergniaud, Benoist d'Azy et de Luppé qui s'étaient, dans ce but de dévouement, rendus pendant l'action même sur le champ de bataille.

Je remplis un devoir de reconnaissance en signalant à Votre Sainteté le concours cordial et expérimenté ainsi que le courage de M. le général de Polhès et qu'il soit permis d'ajouter le nom du colonel Frémont comme s'étant particulièrement distingué par sa hardiesse et la justesse de son coup d'œil militaire.

Je dois citer encore, dans la colonne française, le colonel Berger, du 59ᵉ de ligne, et le lieutenant-colonel du 29ᵉ, qui ont pris part, le premier à l'attaque de droite, et le second à celle de gauche.

Dans les troupes pontificales, le général de Courten et son état-major, composé de MM. le capitaine Eugène de Maistre, le capitaine Pietramellara, le sous-lieutenant de Terves.

Les chefs de corps, les officiers et les soldats ont tous bravement fait leur devoir, et il serait trop long d'énumérer les actes isolés de courage de chacun d'eux.

Je ne puis cependant passer sous silence les noms de ceux qui, enflammés du noble désir de combattre pour la cause sacrée de Votre Sainteté, se sont adjoints comme volontaires à la colonne d'opération.

Je dois donc citer en première ligne S. A. R. le duc de Caserte. Dès le commencement de l'invasion des Etats de Votre Sainteté, ce prince s'était mis à ma disposition, demandant à être placé aux points les plus périlleux. Dans l'expédition de Mentana, Son Altesse s'est acquis l'admiration de nos troupes par sa bravoure, son sang-froid et les preuves qu'elle a données de ses connaissances militaires. Les colonels Afan de Rivera et Ussani se sont montrés dignes de suivre leur noble prince.

Le colonel de Sonnenberg, commandant la garde suisse de Votre Sainteté, faisait partie de mon état-major; il a rendu d'utiles services en remplissant les simples fonctions d'officier d'ordonnance.

Les lieutenants-colonels, Caïmi de l'artillerie et Lepri des dragons, ont suivi aussi la colonne, bien que les petites fractions de leurs corps qui en faisaient partie n'exigeassent pas leur présence, et certes ces officiers n'ont pas démenti en cette circonstance la glorieuse réputation qu'ils s'étaient acquise dans la campagne 1860.

Le lieutenant-colonel Carpegna, employé au ministère des armes, a rempli comme volontaire auprès de la colonne les fonctions d'officier d'état-major.

Je dois enfin signaler le courage, l'activité et les bons services de mes officiers d'état-major :

Le chef d'escadron Ungarelli, mon aide de camp.

Le capitaine François de Maistre,

Le capitaine de Bourbon-Chalus,

Et le capitaine de Maumigny.

Je ne puis manquer de féliciter M. le sous-intendant Monari de son infatigable activité et de sa prévoyance à pourvoir la colonne de ressources précieuses.

Je suis heureux de pouvoir conclure le présent rapport par l'assurance que les troupes pontificales, qui se sont montrées pendant toute cette campagne à la hauteur de la mission qui leur était confiée, s'empresseront de reprendre les armes avec une nouvelle ardeur chaque fois que les ennemis du Saint-Siége les rappelleront à de nouveaux combats.

J'implore, en finissant, pour la petite armée de Votre Sainteté, pour les troupes nos alliées et pour moi-même, votre bénédiction apostolique,

Je suis, très-Saint-Père, de Votre Sainteté, le très-humble, très-fidèle et très-obéissant serviteur et sujet.

HERMAN KANZLER,
général, pro-ministre des armes

Nantes ; imp. Vincent Forest et Emile Grimaud, place du Commerce, 4

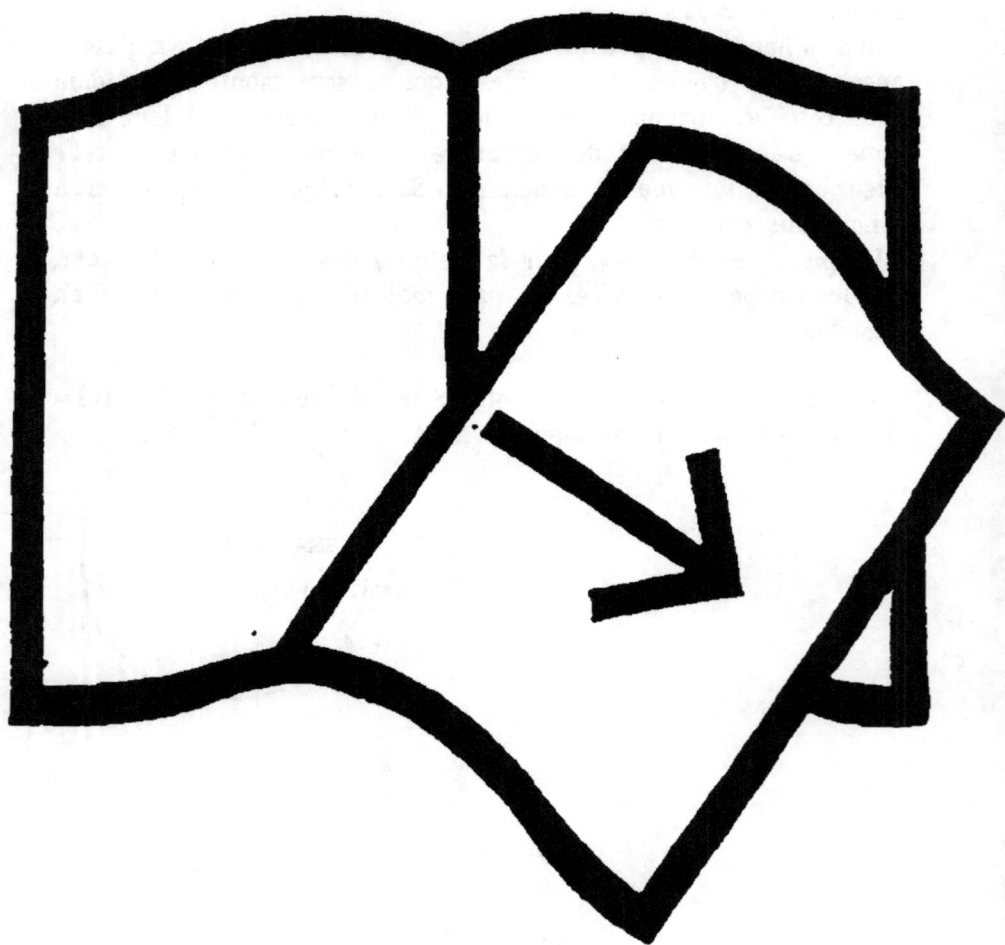

Documents manquants (pages, cahiers...)
NF Z 43-120-13

www.ingramcontent.com/pod-product-compliance
Lightning Source LLC
LaVergne TN
LVHW052149080426
835511LV00009B/1761